Andrea Herold

Mein Traumziel: der Kilimanjaro
Ein Erlebnisbericht

Andrea Herold

Mein Traumziel: der Kilimanjaro

Ein Erlebnisbericht

Rediroma-Verlag

Bibliografische Information der Deutschen Nationalbibliothek:
Die Deutsche Nationalbibliothek verzeichnet diese Publikation in der Deutschen Nationalbibliografie; detaillierte bibliografische Daten sind im Internet über http://portal.dnb.de abrufbar.

ISBN 978-3-98527-782-7

www.rediroma-verlag.de
14,95 Euro (D)

Inhalt

Der Kilimanjaro ist ein Bergmassiv im Nordosten Tansanias. Der höchste Berg des Massivs ist mit 5895 m Höhe der Kibo (Uhuru Peak). Der Kibo ist der höchste Berg Afrikas und gehört damit zu den Seven Summits, den jeweils höchsten Bergen der sieben Kontinente. Das kann man nachlesen, wenn man bei Wikipedia nachschaut. Klingt nüchtern und sachlich. Für alle, die einmal am höchsten Punkt Afrikas stehen, ist das sehr emotional und man trägt von diesem Zeitpunkt an diesen Berg im Herzen.

Vorgeschichte

Der Kilimanjaro spukt schon seit fast zehn Jahren in meinem Kopf herum. Nachdem ich eine Reisereportage über die Besteigung von Afrika höchstem Gipfel gesehen habe, ist der Wunsch in mir, einmal am höchsten Punkt, dem Uhuru Peak, auf 5895 m zu stehen.

Bisher habe ich in meinem Leben alle sportlichen Ziele verwirklichen können. Den Marathon konnte ich sechsmal unter vier Stunden finishen, eine Mitteldistanz im Triathlon habe ich bewältigt, beim Zugspitztrail und Karwendel Marsch konnte ich finishen. Die Bergetappen des Traumpfades München – Venedig und vom Tegernsee nach Sterzing bin ich gewandert. Aber die Tour zum Kilimanjaro schlummert weiter als Traum in mir. Bis zum 14. Dezember 2021, da wird der Traum plötzlich wieder lebendig. Ich habe beschlossen, ab 1.1.2022 in Rente zu gehen.

Mein letzter Arbeitstag ist gekommen. Meine Kolleginnen und Kollegen verabschieden mich sehr emotional und unter der Vielzahl von Geschenken befindet sich das Buch von Margareta Thill „Lebenstraum Kilimanjaro – es ist nie zu spät.“ Die Autorin hat den Berg im Alter von 72 Jahren bestiegen. Ich bin im Juni 63 geworden. Ist das ein Wink des Schicksals?

In den nächsten Tagen verschlinge ich das Buch und der Kilimanjaro beherrscht meine Gedanken. Margareta hatte wie ich diesen Traum schon lange und konnte ihn durch ihre verschiedenen Lebensumstände lange nicht umsetzen. Für mich kam, als ich berufstätig war, nie in Frage, einen großen Teil des Jahresurlaubs allein zu verbringen. Mit Renteneintritt ändert sich das. Mein Mann bestärkt mich, wenn ich dieses Abenteuer unbedingt möchte, soll ich es tun. Ich bin hin-

und hergerissen. Einerseits habe ich den Wunsch, diesen Berg zu besteigen. Andererseits ist da die Angst, allein so eine weite Reise ins Unbekannte anzutreten. Für meinen Mann kommen nach einem Kreuzbandriss große Touren nicht mehr infrage. Im Bekanntenkreis kenne ich keinen, der diesbezügliche Ambitionen hegt. Doch nach dem Motto „wenn nicht jetzt, wann dann?“ beginne ich, mich intensiv über Touren zum Kilimanjaro zu informieren.

Zunächst besorge ich mir noch mehr Bücher, in denen über die Tour zum Kilimanjaro berichtet wird. Am meisten berührt mich der Erlebnisbericht von Sascha Koller “vom Krebspatienten zum Kilimanjaro”. Dieses Buch geht unter die Haut und ist ausschlaggebend, dass für mich feststeht: Ich nehme mein persönliches Abenteuer in Angriff.

Recherche

Nachdem ich den Entschluss gefasst habe, das Abenteuer Kilimanjaro tatsächlich in Angriff zu nehmen, beginne ich mit der Recherche. Fragen über Fragen: Welche Route soll ich wählen? Welche Jahreszeit ist am besten geeignet? Bei welchem Reiseanbieter soll ich buchen? Gut, dass ich als Neurentnerin mehr Zeit habe und mich gründlich informieren kann. Bisher sind mir nur die beiden geläufigsten Routen bekannt. Die Machame-Route, auch als Whiskyroute bezeichnet, und die Marangu-Route, die auch als Coca-Cola-Route bekannt ist. Ich erfahre, es gibt noch die Rongai-, die Lemosho- und die Umbwe-Route. Die Mweka-Route wird als reine Abstiegsroute genutzt.

Ich erfahre beim Lesen, dass am Kraterrand je nach Aufstiegsroute zuerst Gilmans oder Stella Point erreicht werden, was schon als Gipfelerfolg gilt. Der höchste Punkt ist jedoch der Uhuru Peak auf 5895 m Höhe. Das ist mein Ziel. Da will ich hin. Vom Gilmans Point dauert der Aufstieg bis zum Uhuru Peak noch ungefähr 1,5 Stunden. Vom Stella Point erreicht man den höchsten Punkt in 30 bis 45 Minuten. Man befindet sich dann nicht so lange in der großen Höhe. Da der Aspekt, wie gut ich die Höhe vertragen werde, eine große Rolle für mich spielt, scheiden die Routen, die den Krater am Gilmans Point erreichen, für mich aus. Eine instinktiv richtige Entscheidung, wie mir später unser Reiseleiter bestätigt.

Nach vielen Stunden der Sichtung von Wort- und Bildmaterial treffe ich meine Entscheidung. Meine Route wird die Lemoshotour sein. Sie wird als landschaftlich sehr reizvoll und nicht so stark frequentiert beschrieben.

Der nächste Schritt kann folgen, die Suche nach dem passenden Reiseanbieter. Hier gibt es eine große Vielfalt.

Mir ist wichtig, einen deutschsprachigen Reiseleiter vor Ort zu haben. Mein Englisch erscheint mir nicht so gut, da in meiner Schulzeit Russisch die Pflichtsprache war.

Nach und nach grenze ich die Auswahl der Veranstalter ein und am Ende entscheide ich mich für Bergauf-Reisen. Der Chef Norbert Vorwerg ist selbst erfahrener Alpinist und ich fühle mich sofort in guten Händen. Bleibt noch der Reisetermin, für den ich mich entscheiden muss. Ich wähle als Beginn der zehntägigen Kilimanjaro-Kurztour den 05. Oktober 2022. Meine Überlegung ist, dass ich mir im Juli beim Urlaub in Südtirol und Ende August beim Karwendel-Marsch den konditionellen Feinschliff hole und dann gut vorbereitet in mein Abenteuer starten kann.

Um die Kondition mache ich mir keine großen Gedanken. Ich bin gut trainierte Ausdauersportlerin und dazu begeisterte Bergwanderin. Mein Respekt gilt der Höhe und der Kälte.

Wird die Höhenanpassung funktionieren oder werde ich Probleme bekommen? Wie verkrafte ich die kalten Nächte im Zelt?

Ich nutze den Winter Sale, um noch ein paar Ausrüstungsgegenstände und Bekleidungsstücke zu erwerben. Da ich seit Jahren in den Bergen unterwegs bin, sind viele Dinge schon vorhanden. Manchmal kann ich es selbst nicht glauben. Ich werde noch dieses Jahr versuchen, den höchsten Berg Afrikas zu besteigen. Ich erschrecke vor meiner eigenen Courage!

Vorbereitung

Im Juli reisen wir nach Pfelders. Der kleine Ort in Südtirol liegt auf 1630 m Höhe im hinteren Passeier Tal und ist ein idealer Urlaubsort für Bergbegeisterte. Ich unternehme Touren zur Zwickauer Hütte, zur Stettiner Hütte und zu den Spronser Seen. Das sind allesamt Touren mit einem Anstieg von mehr als 1000 Höhenmetern. So viele Höhenmeter, wie in etwa am Gipfeltag zu bewältigen sind. Auch ein paar kleinere Touren mit meinem Mann gehören ins Urlaubsprogramm.

Am letzten Augustwochenende steht dann ein letzter Härtetest an. Ich nehme, wie schon im Vorjahr, die 52 km von Scharnitz nach Pertisau in Angriff. Der legendäre Karwendelmarsch verlangt den Teilnehmern mit mehr als 2000 Höhenmetern bergauf und bergab schon einiges ab und ich kann in 9:33:09 Stunden die Ziellinie in Pertisau überqueren. Ebenfalls ein guter Baustein in meiner Vorbereitung.

Konditionell bin ich fit für den Kilimanjaro!

gute Vorbereitung: Wanderung zur Zwickauer Hütte

Terminänderung

Wieder zu Hause erhalte ich in der ersten Septemberwoche eine Mail von Norbert, dass der Termin ab 5.10. wegen Absagen der Mitreisenden gecancelt ist. Mir werden zwei Ausweichtermine angeboten oder die Möglichkeit des Reiserücktritts eingeräumt. Ganz kurz überlege ich, ob das ein Zeichen des Schicksals ist und ich die Tour bleiben lassen soll. Aber nein, ich habe so viel in die Vorbereitung investiert. Mein Mann bestärkt mich, den angebotenen Termin anzunehmen, und so kommt es, dass der Reisetermin plötzlich ganz nahe ist. Am 14.09.2022 geht es los. Meine Aufregung steigt schlagartig und ich beginne sofort mit meinen Vorbereitungen.

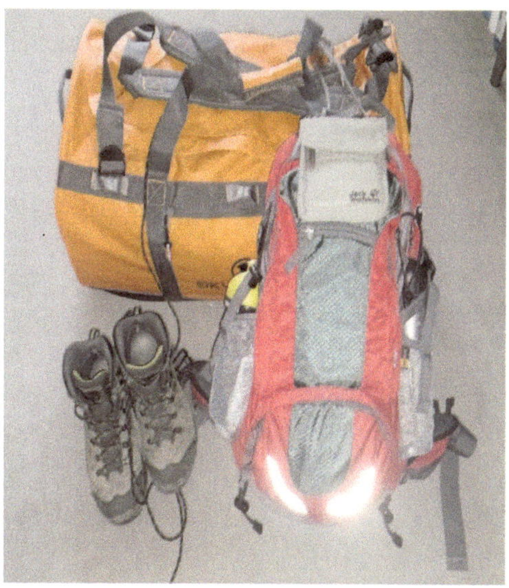

meine Packtasche, Bergschuhe und Tagesrucksack

Die Empfehlungen zur Ausrüstung habe ich unmittelbar nach der Buchung erhalten. Ich besitze schon eine gute Auswahl an Outdoorbekleidung. Ergänzend habe ich warme Unterwäsche, dicke Handschuhe, eine Daunenjacke und die robuste, wasserfeste Tasche für den Transport durch die Träger erworben. Zunächst lege ich alle Sachen auf das Bett. Dann beginne ich mit dem Packen. Dabei habe ich eine gute Idee. Ich schreibe eine Art Inhaltsverzeichnis, wobei ich notiere, was in welchem Packbeutel verstaut ist. Diese Übersicht kommt in eine A4-Klarsichtfolie obenauf und erleichtert mir später in meinem Zelt ungemein, die passenden Kleidungsstücke schneller zu finden. Meine Tasche, die später von den Trägern transportiert wird, soll nicht mehr als 15 kg wiegen. Ich komme mit 10 kg hin. Der Tagesrucksack wird im Handgepäck mitgenommen und in ihm verstaue ich zwei Jacken, alle Dokumente, Flugtickets, Powerboxen, Ladekabel, Handy, Fotoapparat und Bargeld. 100 US-Dollar habe ich bereits erworben, wovon ich 50 Dollar für das Visum in Tansania benötigen werde. Dazu habe ich 350 Euro dabei, die ich am Kilimanjaroairport in Tansania-Schilling tauschen werde. Dieses Geld benötige ich dann als Trinkgeld für die Mannschaft, die uns begleiten wird, und für kleine Ausgaben am Ende der Tour.

Ich befolge den Hinweis des Reiseveranstalters. Ich lege mir als Reisekleidung meine dünnere Wanderhose und die Softshelljacke (beides trug ich bereits 2008 bei meiner Alpenüberquerung) sowie die Bergschuhe bereit. Gleichzeitig beunruhigt mich dieser Hinweis. Denn er lautet: Ins Handgepäck gehört die wichtigste Kleidung für das Trekking, falls es beim Gepäck zu Pannen kommt. Welche Horrorvorstellung! Fortan beherrscht mich der Gedanke, hoffentlich kommt mein Gepäck gut am Kilimanjaroairport an.

Letzte Informationen

Mit den letzten Informationen erfahre ich auch die Namen meiner Mitwanderer und des Bergführers. Ilona, Helmut und Shahab werden mit mir das Abenteuer Kilimanjaro angehen. Alle drei sind schon vor mir nach Tansania gereist und ich bin gespannt, hoffentlich stimmt die Chemie zwischen uns! Unser Bergführer heiß Tjahajdi und wird T.J. genannt.

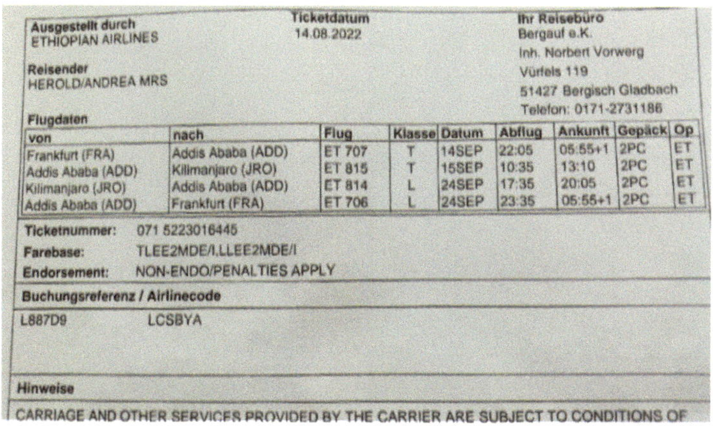

Ausgestellt durch
ETHIOPIAN AIRLINES

Ticketdatum
14.08.2022

Ihr Reisebüro
Bergauf e.K.
Inh. Norbert Vorwerg
Vürfels 119
51427 Bergisch Gladbach
Telefon: 0171-2731186

Reisender
HEROLD/ANDREA MRS

Flugdaten

von	nach	Flug	Klasse	Datum	Abflug	Ankunft	Gepäck	Op
Frankfurt (FRA)	Addis Ababa (ADD)	ET 707	T	14SEP	22:05	05:55+1	2PC	ET
Addis Ababa (ADD)	Kilimanjaro (JRO)	ET 815	T	15SEP	10:35	13:10	2PC	ET
Kilimanjaro (JRO)	Addis Ababa (ADD)	ET 814	L	24SEP	17:35	20:05	2PC	ET
Addis Ababa (ADD)	Frankfurt (FRA)	ET 706	L	24SEP	23:35	05:55+1	2PC	ET

Ticketnummer: 071 5223016445
Farebase: TLEE2MDE/I,LLEE2MDE/I
Endorsement: NON-ENDO/PENALTIES APPLY

Buchungsreferenz / Airlinecode
L887D9 LCSBYA

Hinweise
CARRIAGE AND OTHER SERVICES PROVIDED BY THE CARRIER ARE SUBJECT TO CONDITIONS OF

der Flugplan

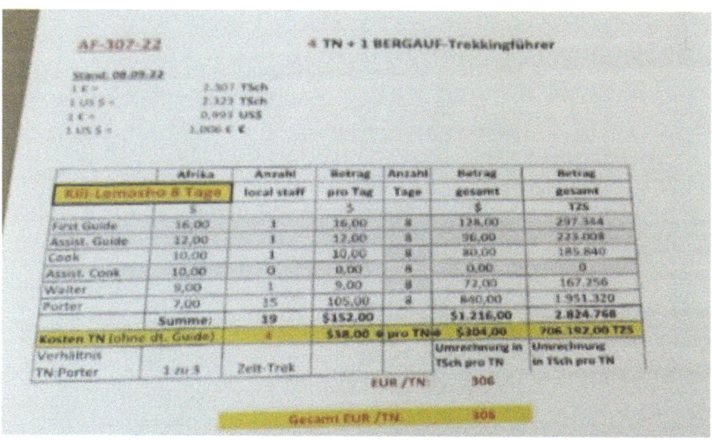

AF-307-22 4 TN + 1 BERGAUF-Trekkingführer

Stand: 08.09.22
1 € = 2.307 TSch
1 US $ = 2.323 TSch
1 € = 0,993 US$
1 US $ = 1,0066 €

	Afrika	Anzahl	Betrag	Anzahl	Betrag	Betrag
Kili-Lemosho 8 Tage		local staff	pro Tag	Tage	gesamt	gesamt
	$		$		$	TZS
First Guide	16,00	1	16,00	8	128,00	297.344
Assist. Guide	12,00	1	12,00	8	96,00	223.008
Cook	10,00	1	10,00	8	80,00	185.840
Assist. Cook	10,00	0	0,00	8	0,00	0
Waiter	9,00	1	9,00	8	72,00	167.256
Porter	7,00	15	105,00	8	840,00	1.951.320
	Summe:	19	$152,00		$1.216,00	2.824.768
Kosten TN (ohne dt. Guide)		4	$38,00 € pro TN		$304,00	706 192,00 TZS
Verhältnis TN:Porter	1 zu 3	Zelt-Trek			Umrechnung in TSch pro TN	Umrechnung in TSch pro TN

EUR /TN 306

Gesamt EUR /TN 306

Empfohlene Trinkgelder

am Flughafen Frankfurt

Es geht los

Der 14.9.2022 ist gekommen. Ich erwache mit dem Gedanken: Heute geht es los! Mein Flug startet um 22:05 Uhr ab Frankfurt. Mein Mann wird mich fahren und wir beschließen, nach dem Mittagessen zu starten. Während der Fahrt regnet es heftig und ich habe gegenüber meinem Mann ein schlechtes Gewissen. Schließlich liegt die Rückfahrt auch noch vor ihm.

Am Airport angekommen trinken wir noch gemeinsam einen Kaffee und dann heißt es, Abschied nehmen. Als ich in dem großen Terminal stehe, fühle ich mich ziemlich verloren und frage mich, ob ich mir nicht doch zu viel vorgenommen habe. Aber da muss ich jetzt durch. Es fühlt sich an wie an der Startlinie eines Wettkampfs. Man hat sich darauf vorbereitet. Jetzt ist man aufgeregt und irgendwie doch froh, dass es losgeht.

Endlich öffnet der Schalter zum Check in. Im Anschluss durchlaufe ich sämtliche Sicherheitschecks, bis ich im Abflugbereich ankomme. Langsam entspanne ich mich. Als das Boarding beginnt, bin ich schon gelassen. Ich fliege nach Afrika! Wahnsinn! Im Flugzeug versuche ich, ein wenig zu schlafen, was mehr schlecht als recht funktioniert.

Die Landung in Addis Ababa, wie Addis Abeba in der Landessprache genannt wird, erfolgt pünktlich und nun liegen 41/2 Stunden Wartezeit vor mir, bevor der Weiterflug zum Kilimanjaroairport startet. Irgendwie vergeht die Zeit doch recht schnell und auch dieser Flug hebt pünktlich ab. Als der Pilot in seiner Durchsage darauf hinweist, dass wir gleich den Kilimanjaro überfliegen, blicke ich erwartungsvoll aus dem Fenster und dann ist da dieser magische Augenblick: Aus dem Wolkenmeer ragt stolz dieser Berg, der mein Ziel ist, empor. Ich bin ergriffen und verdrücke ein paar Tränchen der Rührung.

13 Uhr landet die Maschine der Äthiopienairline auf dem Kilimanjaroairport und ich laufe mit den anderen Reisenden über das Rollfeld auf das Flughafengebäude zu. Warme Luft schlägt uns entgegen und ich realisiere: Ich befinde mich auf afrikanischem Boden! Ich fühle mich müde vom langen Flug und gleichzeitig voller Abenteuerlust. Ich erledige die Einreiseformalitäten, erhalte mein Visum und sehe aus den Augenwinkeln, wie auf dem Band meine Gepäcktasche erscheint. Ein kleiner Jubelschrei zieht die Aufmerksamkeit der jungen Leute vor mir auf sich und ich ernte belustigte Blicke. Ich bin sehr erleichtert und nun steht meinem Abenteuer nichts mehr im Weg. Ich tausche noch meine Euro in

die Tansania-Shilling und trete aus dem Flughafengebäude heraus. Hier stehen die Abholer mit kleinen Schildern der Reiseveranstalter oder der Hotels bereit. Ich entdecke die Männer mit dem Schild „Bergab“ und stelle mich vor. Es handelt sich um T.J., den Reiseleiter, und den Fahrer der Massai Lodge, wo es zur ersten Übernachtung hingeht. Ich werde herzlich begrüßt. Die Fahrt führt zuerst noch über „normale“ Straßen, dann wird es abenteuerlich. Über staubige, steinige Pisten geht es ins Hinterland, wo die Osiligilai Massai Lodge liegt. Sie besteht aus Lehmhütten im Massai-Stil und wird von Massai geführt. Es handelt sich hierbei um ein Vorzeigeprojekt. ausschließlich von Massai geführt. Der Empfang erfolgt freundlich. Ich werde mit Gesang und Tanz begrüßt. Gänsehaut und Emotion pur.

Blick in meine Lodge

Später erhalte ich noch ein Mittagessen, wobei ich auch meine Mitwanderer kennenlerne. Ilona und Helmut sind etwas jünger als ich und Shahab etwas älter. Wir sind uns auf Anhieb sympathisch ...

Gut für meine Gemütslage ist es, dass ich Handynetz habe und meinem Mann mitteilen kann, dass ich gut angekommen bin.

Später ist das erste Briefing angesetzt. T.J., unser Reiseleiter, der aus Indonesien stammt und in Hamburg lebt, erläutert uns den Tour-Verlauf und die Anforderungen, spricht über die Höhenanpassung und wir hören aufmerksam zu. T.J. wirkt ruhig, besonnen und kann viel Erfahrung vorweisen. Ich fühle mich gut aufgehoben und begebe mich wenig später ziemlich müde in meine Lodge. Beim Blick auf die kleinen Fensteröffnungen, an denen nur ein kleines buntes Tuch im Wind flattert, befällt mich kurz der Gedanke, dass hier ja in der Nacht kleine Tiere Einlass finden könnten. Doch ich verdränge diese Vorstellung hartnäckig und, wirklich, ich schlafe tief und traumlos, was anscheinend auf die vielen Traumfänger zurückzuführen ist, die überall aufgehängt sind.

16.9.2022 – erster Wandertag zum Big Tree Camp auf 2750m

Um 8 Uhr treffen wir uns zum Frühstück. Es gibt Crêpes, Toastbrot, Kaffee, Obst. Gut gestärkt und erwartungsvoll warten wir auf die Ankunft des Autos, welches uns zum Lemoshogate, dem Startpunkt der Tour, bringen soll.

Gegen 10 ist es endlich so weit. Unsere Taschen für die Tour werden aufgeladen. Das Gepäck für den Hotelaufenthalt wird gleich ins Hotel nach Moshi transportiert. Die Massai versammeln sich vor der Abfahrt und verabschieden uns mit Gesang und Tanz. Im Wagen sitzt bereits Jackson, einer unserer einheimischen Guides. Jackson war schon mehr als 30-mal auf dem Kilimanjaro. Beeindruckend. Die Fahrt bietet Aussichten auf die afrikanische Landschaft. Immer wieder sehen wir Hirten mit Kühen am Wege. Die Kühe sind alles andere als gut genährt und man bekommt eine Vorstellung, wie hart das Leben dieser Menschen ist.

Plötzlich erscheint ein Wegweiser: Lemosho Gate 6 km. Die karge staubige Landschaft ändert sich und wir fahren durch grünen Wald. Nach ungefähr zwei Stunden parkt der Fahrer neben unzähligen anderen Fahrzeugen ein. Wir sind am Lemoshogate angekommen. Hier herrscht rege Betriebsamkeit. Von den Autos wird Gepäck abgeladen und eine lange Reihe von Trägern hat sich gebildet. Sie warten auf das Wiegen, erfahren wir von T.J. Jeder Träger darf nur 20 kg tragen. So wird das Gepäck gleichmäßig aufgeteilt. Ich schaue mich um und denke an die Beschreibung der Reiseführer, dass es sich bei der Lemosho Tour um eine nicht so häufig begangene Aufstiegsvariante handeln soll. Wie sieht es dann zu Beginn der häufig begangenen Routen aus? Ich würde am liebsten gleich loslaufen. Aber zunächst erhalten wir eine Lunchbox, um uns zu stärken. Dann stößt unser einheimischer Chef-Guide zu uns, der sich als Innocent vorstellt. Er und Jackson werden uns also als einheimische Bergführer begleiten. Im Nationalpark Kilimanjaro ist alles genau geregelt. Kein Bergaspirant darf ohne einheimischen Bergführer den Gipfelaufstieg in Angriff nehmen. Bevor wir starten dürfen, sind noch die Anmeldeformalitäten zu bewältigen, was noch einige Zeit in Anspruch nimmt. Außerdem sind unsere Träger noch nicht vollständig. So langsam werden wir unruhig. Denn die Träger müssen sich ja dann noch in die lange Reihe zum Wiegen des Gepäcks einreihen und erst dann dürfen wir loslaufen. Inzwischen mutmaßen wir, dass es wohl gleich eine Nachtwanderung werden wird. Wir lernen gleich unsere erste Lektion: in Afrika herrscht Gelassenheit. Daran müssen wir ungeduldigen Europäer uns noch gewöhnen.

Für unsere Wandergruppe ist T.J. als deutscher Reiseleiter verantwortlich. Er fungiert als Bindeglied zwischen uns und dem Team. Dazu kommen der First Guide (Innocent), der Assistent Guide (Jackson), der Koch, der Kellner, ein Toilettenverantwortlicher und 15 Träger.

Innocent hat mittlerweile die Ausnahmeregelung erwirkt, dass wir vor der Mannschaft losgehen dürfen, und so starten wir um 13:45 Uhr voller Tatendrang in den tropischen Regenwald.

Im tropischen Regenwald

Nach wenigen Metern erreichen wir das Eingangsschild des Nationalparks. Diese Schilder stehen am Eingang und Ausgang der verschiedenen Routen und am Eingang jedes Camps. Darauf wird angezeigt, wo man sich befindet, in welcher Höhe und Vegetationszone man sich aufhält und wie weit die Entfernung zu den weiteren Camps und zum Gipfel ist. Das Schild ist dicht umlagert. Jede Gruppe will ein Foto machen. Vor uns umlagert eine große Gruppe gut gelaunter, munter schwatzender amerikanischer Ladys, die auch noch Einzelfotos machen, das Schild. Das kann dauern. Aber schließlich sind wir dran und lassen uns ablichten. Wir wandern durch dichten grünen Regenwald auf einem gut ausgebauten Weg. Immer wieder heißt es, Platz machen für die vorbeieilenden Träger. Sie laufen leichtfüßig und gut gelaunt mit Gepäck beladen an uns vorbei. Wir staunen, denn sie tragen wirklich die gesamte Ausrüstung samt Verpflegung. Ihnen gilt unser ganzer Respekt. Wir lernen schnell, dass man sich mit Jambo grüßt, was guten Tag bedeutet. Bald können wir hoch über unseren Köpfen Weißschwanzaffen erblicken, die sich von Ast zu Ast schwingen. Der Weg führt immer leicht bergauf, ist aber wenig anstrengend. Wir legen öfter Pausen ein, sowohl zum Trinken als auch um den Trägern einen Vorlauf zu gewähren.

Gegen 17 Uhr lichtet sich der Wald und wir stehen auf einer großen Fläche, auf der schon rege Betriebsamkeit herrscht. Das Big Tree Camp auf 2750 m Höhe ist erreicht. Wohin man blickt, stehen bunte Zelte, wuseln Träger beim Aufbau herum, stehen Wanderer in Gruppen herum und unterhalten sich in verschiedenen Sprachen. Kurz kommt mir der Gedanke: Wie sieht es dann auf den vielbegangenen Routen? Interessiert und ein wenig neidvoll beobachte ich, wie die beiden sogenannten Walk-in-Zelte für meine Mitwanderer aufgebaut werden. Sie sind entsprechend groß, verfügen über ein Vorzelt und um den Luxus abzurunden, werden sie mit einem Bett ausgestattet. Diese zusätzlichen Kosten habe ich mir erspart. Mein Blick fällt auf das kleine Häuflein grüne Zeltplane, was für die nächsten Tage mein Zuhause sein wird …

Der kleine grüne Haufen wird mein Zelt

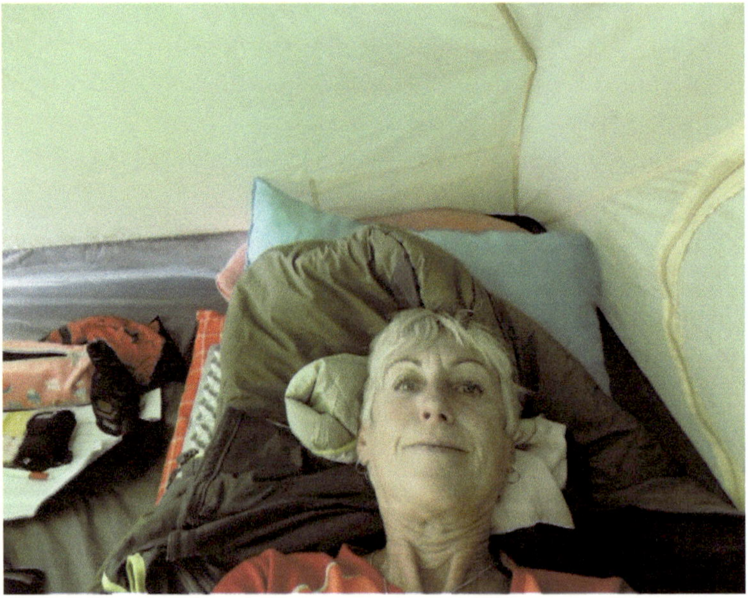

im Zelt

Erstaunlich, wie schnell die Zelte stehen. Die Mannschaft arbeitet Hand in Hand, wobei jeder Handgriff sitzt. Im Zeltinneren liegt eine Matratze, auf die ich meine Isomatte lege. Obendrauf kommen der geliehene Schlafsack und ein kleines Kopfkissen. Meine Gepäcktasche steht bereit und ich versuche, ein System zu entwickeln. Neben den Schlafsack griffbereit die Stirnlampe und das Messgerät für Sauerstoffgehalt und Puls. Diese Messung sollen wir nach dem Aufwachen durchführen und die Werte in eine vorbereitete Liste eintragen. Daneben das Ohropax und meine Schilddrüsentablette, die ich morgens einnehme. Die Sachen für die Nacht und die Bekleidung für den nächsten Wandertag sind schnell herausgesucht. Meine Übersichtsliste erweist sich als hilfreich. Auf das Abendessen müssen wir noch warten, was der verspäteten Ankunft geschuldet ist. Dann versammeln wir uns zum ersten Mal im Messezelt, unserem Speiselokal. Ein langer Campingtisch, den eine Tischdecke ziert, und Campingstühle warten darauf, dass wir Platz nehmen. Hier werden wir uns jeden Tag treffen, um unsere Mahlzeiten einzunehmen. Thomas stellt sich vor. Er ist unser Waiter (Kellner). Er wird uns die Speisen vorstellen und servieren. Unser erstes Abendessen kann beginnen. Es gibt einen bunten Salat, Suppe, Reis mit Fisch und ein Dessert. Erstaunlich, was der Koch gezaubert hat und was uns von Thomas serviert wird.

Anschließend ist Briefing. Das wird jeden Abend so sein. T.J. informiert uns über den Charakter der nächsten Etappe. Innocent weist uns noch mal darauf hin, dass wir brav Pole, Pole (langsam) hinter Jackson gehen sollen, und bittet darum, immer Platz für die überholenden Träger zu machen. Danach gehen wir in unsere Zelte. Ich kann lange nicht einschlafen. Zu viele Gedanken schwirren im Kopf herum. Was werden die nächsten Tage bringen? Werde ich den Gipfel erreichen? Durch das viele Trinken muss ich in der Nacht das Toilettenzelt aufsuchen, was eine aufwendige Prozedur bedeutet. Raus aus dem Schlafsack, rein in die Schuhe, Stirnlampe auf und danach dasselbe Ritual in umgekehrter Reihenfolge. Ehe man dann wieder seine bequemste Position gefunden hat, dauert es. Aber schließlich bin ich doch eingeschlafen.

17.9.2022, 2.Wandertag zum Camp Shira I auf 3500 m Höhe

Ich erwache durch vorsichtiges Klopfen an meinem Zelt und dem Ruf einer sehr angenehmen Stimme, die „Good Morning M‘am“ wünscht und fragt: „How are you?“ Die Stimme gehört unserem Chef-Guide.

Nachdem ich mit „Thank you, very good“ geantwortet habe, folgt die nächste: Frage „Tea or Coffee?“

Ich nehme Kaffee. Dann erhalte ich eine kleine Schüssel lauwarmes Wasser für die Körperpflege. Mit diesem Ablauf starten wir täglich in unseren Tag. Der Zeitpunkt des Weckens wird am Vortag beim Briefing bekannt gegeben und richtet sich natürlich nach den Anforderungen, die vor uns liegen. Zwischen Wecken und Frühstück liegen 45 Minuten. Ich ziehe mich mit meinem Kaffee noch mal in den Schlafsack zurück. Dann folgt die Körperpflege. Anschließend mache ich mich wanderfertig. Die Packtasche wird bereitgestellt und dann geht es schon ausgestattet mit dem Tagesrucksack und den Stöcken ins Messezelt. Während wir das Frühstück genießen, bauen unsere Helfer schon die Zelte ab. Das Frühstück ist abwechslungsvoll. Es stehen Crêpes, Toastbrot, Müsli, Kaffee, Tee zur Auswahl, sodass man täglich gut gestärkt den Wandertag in Angriff nehmen kann. Wir reihen uns nach Vorgabe der Reihenfolge hinter Jackson ein, der das Tempo vorgibt. Bei der Kilimanjaro-Tour ist Pole, Pole angesagt. Langsam, langsam ist das Zauberwort, um dem Körper Zeit zur Anpassung an die Höhe zu geben. Dazu ist es wichtig, ausreichend zu trinken. Wir wandern aus dem Camp heraus weiter durch den Regenwald. Die Steigungen werden deutlich anspruchsvoller.

Nach ungefähr zwei Stunden Gehzeit lichtet sich der dichte Wald. Die Vegetation ist jetzt mit dem Latschenbereich der Alpen vergleichbar. Wir befinden uns in der Heide- und Moorlandzone. Man hat freie Sicht und blickt rundum auf dichte grüne hügelige Landschaft. Einfach bezaubernd. Nach einem langen Anstieg legen wir eine längere Pause ein, in der wir unsere Lunchpakete verzehren. Ich esse mit großem Appetit mit Gemüse gefüllte Teigrollen und kleine Bananen. Mir geht es sehr gut und ich kann den Tag genießen. Ilona klagt über Kopfschmerzen und fühlt sich leider nicht so gut. Helmut und Shahab sind wie ich gut drauf. Der nächste Anstieg wartet schon. Man kann die lange bunte Reihe der Wanderer und Träger gut ausmachen und deshalb den weiteren Wegeverlauf erkennen. Nach langem Anstieg ist der Bergkamm erklommen und wir befinden uns auf dem Shira Plateau.

Bei der weiteren Wanderung dem Camp entgegen erleben wir einen magischen Augenblick. Vor uns erscheint der Kilimanjaro. Majestätisch steht er da, präsentiert uns seine nordwestlichen Gletscher. Der blaue Himmel und die Sonne machen den Anblick perfekt. Natürlich bleiben wir stehen, um zu fotografieren. Zum Camp Shira I ist es nun nicht mehr weit und nach mehr als vier Stunden haben wir das auf 3500 m Höhe gelegene Camp erreicht. Es liegt auf einer ebenen Fläche, dem Shira Plateau mit grandiosem Blick auf unser großes Ziel. Heute stehen unsere Zelte bereits. Im Messezelt warten Kaffee, Tee, Popcorn und geröstete Erdnüsse als kleine Belohnung. Wir stärken uns und danach genießen wir vor dem Zelt die Nachmittagssonne inklusive Aussicht. Als uns Schüsseln mit Wasser zur Erfrischung gereicht werden, stellen wir fest, wie staubig wir sind. Eingehüllt von Kopf bis Fuß in afrikanischen Staub! Er umhüllt uns nicht nur äußerlich, sondern sitzt in Nase, Ohren, auf dem Kopf. Das wird sich auch bis zum Ende nicht ändern. Abklopfen, Ausschütteln und notdürftig säubern muss ausreichen. Die Sonne wärmt angenehm, bis sie untergeht. Dann ist es schlagartig kalt. T.J. informiert uns, dass das Shira I Camp zu den kältesten der Tour gehört.

Beim Abendessen drehen sich die Gespräche um den hinter uns liegenden Tag, um die Werte von Sauerstoffsättigung, die Höhe des Pulses und die Ausrüstung. Im Briefing werden wir noch mal informiert, dass wir morgen nicht wie die meisten Gruppen Richtung Cathedral zum Shira II Camp gehen werden. Wir gehen morgen zur Höhenanpassung den Weg auf das Moar Hut Camp, welches auf 4160m liegt. Dort werden wir eine längere Pause einlegen und dann ins Camp Shira II absteigen. Innocent lobt unsere Leistung und hebt hervor, dass wir immer vorbildlich Platz für die Träger gemacht haben. Seine Ansprache endet immer mit den Worten: „I am happy, wenn you are happy."

Es dauert abends nie lange, bis sich alle in ihre Zelte zurückziehen. Im Messezelt ist es schnell kalt und die Müdigkeit ergreift schnell Besitz von uns. T.J. gibt uns noch einen guten Hinweis, den wir befolgen. Die Trinkflasche wird voll heißes Wasser gefüllt und mit in den Schlafsack genommen. So hat man seine persönliche Wärmflasche und am nächsten Tag nimmt man die Flasche im Tagesrucksack zum Trinken mit. So verwendet man das kostbare Wasser auch noch effektiv!

Blick vom Shira I Camp auf den Kilimanjaro

18.9.2022, 3.Wandertag zum Shira II Camp 3850 m Höhe

Mittlerweile schlafe ich gut. Das morgendliche Ritual ist zur Gewohnheit geworden. Puls und Sauerstoffsättigung sind im grünen Bereich. Heute wartet eine Überraschung. Als ich die Reißverschlüsse meiner Behausung öffne, liegt vor mir eine von Raureif überzogene Landschaft. Mein Zelt ist ebenfalls von einer weißen Schicht überzogen. Die Frage lautet: Was ziehe ich heute an? Vorteilhaft ist das Zwiebelprinzip. Nach Sonnenaufgang wird es wärmer und die Bewegung hilft auch, dass man auf Betriebstemperatur kommt. Zum Frühstück heißt es, sich erst mal warm einpacken. Nach dem Frühstück brechen wir auf und wandern durch karge Landschaft ziemlich geradeaus dahin bis zu einem Wegweiser. Ja, so etwas gibt es auch im Kilimanjaro-Nationalpark und sogar ein kleines Toilettenhäuschen befindet sich an dieser Wegegabelung.

An der Wegegabelung

An dieser Abzweigung trennt sich unsere Gruppe. Innocent wird mit Ilona, die weiterhin gesundheitliche Probleme hat, den direkten Weg zum Shira II Camp nehmen. Die restliche Gruppe nimmt den Anstieg auf das 4160 m hoch gelegene Moir Hut Camp in Angriff. Ständig bergauf an Höhe gewinnend wandern wir dahin. Die Gespräche versiegen, weil man die Luft zum Atmen benötigt. Schließlich haben wir das Camp erreicht. Ich realisiere, dass ich mich zum ersten Mal in meinem Leben auf einer Höhe von mehr als 4000 m befinde. Bisher war der Monte Cevedale (3769 m) im Südtiroler Ortler Gebiet der höchste Punkt, auf dem ich stand. Wir suchen uns eine windgeschützte Stelle, um unser Lunchpaket zu verzehren und zu trinken. Die Gegend wirkt nicht einladend auf mich. Die Fläche ist karg und von bedrohlich wirkenden dunklen Lavafelsen umrahmt. Aber T.J. ist streng. Wir müssen mindestens 30 Minuten hier ausharren, um die Höhenanpassung zu optimieren. Es gilt die Regel: hoch steigen und tiefer schlafen.

Rast in 4160 m Höhe

Der weitere Wegverlauf ist unspektakulär. Nach kurzem Anstieg geht es fast eben dahin und schon bald können wir die vielen bunten Zelte von Camp Shira II unter uns liegen sehen. Wir verlieren rasch an Höhe und erreichen das Camp, welches „nur“ noch 3850 m hoch liegt. Ilona und Innocent sind bereits da. Wir trinken Kaffee, Tee und verputzen die Erdnüsse und das Popcorn. Dabei plaudern wir munter und werten den Tag aus. Zu meiner großen Freude gibt es hier Handyempfang und ich kann mit meinem Mann telefonieren und ihm mitteilen, dass es mir gut geht. Leider erhalte ich die Info, dass mein Lieblingsverein 1:2 verloren hat.

Nach dem Abendessen erfahren wir im Briefing den Ablauf für den nächsten Tag. Morgen werden wir am Lavatower eine Höhe von 4640 m erreichen und dort die Mittagspause verbringen. Der Tag scheint anspruchsvoll zu werden und nach dem Abendessen verabschieden wir uns in Richtung unserer Zelte.

Camp Shira II

19.9.2022, 4. Wandertag zum Barranco Camp 3960 m

Erstaunlicherweise schlafe ich inzwischen gut. Selbst die nächtlichen Ausflüge zum Toilettenzelt absolviere ich routiniert, auch wenn es nach wie vor nicht schön ist, nachts aus dem Schlafsack zu krabbeln, Schuhe anzuziehen, Stirnlampe aufzusetzen, Reißverschlüsse des Zeltes zu öffnen und dann ins Freie zu klettern.

Nach dem allmorgendlichen Kaffee- und Körperpflege Ritual treffen wir uns zum Frühstück im Verpflegungszelt. Da die Weckzeit immer frühzeitig, meistens 6 Uhr ist, sind wir noch müde und die Temperaturen sind um diese Zeit auch noch niedrig. So trotten wir dann nach dem Frühstück hinter Jackson her. Die Landschaft ist heute etwas eintönig und ich bin heute nicht so gut in Form wie an den Tagen zuvor. Mein Rucksack fühlt sich heute 5k g schwerer an als gestern und mein Rücken und die Schultern schmerzen. Bei einer Trinkpause hilft mir Shahab, den Rucksack besser einzustellen, und nun geht es etwas besser. Ich habe heute auch keinen Appetit und muss mich zwingen, wenigstens zu trinken.

Der Anstieg zum Lavatower ist lang und gestaltet sich zäh. Doch irgendwann sehen wir den markanten Felsturm vor uns und sehen schon die aufgebauten Essenszelte. Die Träger haben den Tower nicht nur vor uns erreicht, sondern auch schon Mess- und Kochzelt aufgebaut. Was für eine beeindruckende Leistung. Mich überkommt kurzzeitig ein Brechreiz. Innocent bedeutet mir, den Rucksack abzusetzen und tief durchzuatmen. Das hilft. Wir nehmen Platz und schon bald wird ein leckeres Mittagessen serviert, wobei sich mein Appetit in Grenzen hält. Erste Zweifel kommen auf: Zeichnet sich ab, dass ich die Höhe nicht vertrage? Aber meine Sauerstoffsättigung war heute Morgen bei 92.

Riesen Senecien

Der Ort ist beeindruckend. Neben uns erhebt sich diese markante Felsnadel Lava Tower und gegenüber erscheint die steile Westflanke des Kilimanjaro zum Greifen nah. T.J. erklärt uns den weiteren Wegeverlauf. Wir steigen hinab in ein grünes Tal mit baumhohen Senecien. Ich fühle mich wieder gut und kann mühelos in der ersten Gruppenhälfte mitlaufen, während der andere Gruppenteil ein langsameres Tempo einschlägt, da es Ilona immer noch nicht besser geht.

Im Barranco Camp angekommen fällt mein Blick sofort auf die Barranco Wall, eine beeindruckende Wand, die wir morgen durchsteigen werden. Das dunkle Massiv wirkt bedrohlich und ragt senkrecht empor. Da soll ein „Weg“ hoch führen? Diese Frage bewegt uns auch beim Briefing nach dem Abendessen. T.J. zerstreut unsere Bedenken und versichert, dass wir das schaffen werden. Die Erfahrung habe ich bei meinen zahlreichen Bergtouren schon oft gemacht. Manches sieht schwieriger aus, als es dann am Ende ist. Ich fühle mich

Am Lavatower

inzwischen wieder gut und hoffe, dass es bei dem kleinen Schwächeln bleiben wird. Als ich dann dick eingepackt in meinem Schlafsack liege, gilt trotzdem der letzte Gedanke der Breakfast Wall. Hoffentlich werden wir alle sie gut bewältigen!

20.9.2022, 5.Wandertag zum Karanga Camp 4000 m

Nach einer weiteren Nacht, die ich dick eingemummelt in meinem Schlafsack verbracht habe, läuft das übliche Morgenritual inzwischen routiniert ab. Wir treffen uns zum Frühstück und nachdem wir uns gestärkt haben, erwachen unsere Lebensgeister und wir sind bereit für die Bewältigung der Great Barranco Wall. In manchen Berichten wird sie auch als Breakfast Wall bezeichnet. Ich nehme an, der Name ist entstanden, weil man gleich nach dem Frühstück in die Wand einsteigt. So auch wir! Eine bunte Reihe von Wanderern befindet sich schon im Anstieg. So kann man den Wegeverlauf gut verfolgen. Sieht spektakulär aus. Unsere Wanderstöcke haben wir vorab im Rucksack verstaut. Jetzt brauchen wir unsere Hände. Mir macht die abwechslungsreiche Kletterei keinerlei Probleme. Im Gegenteil, es macht echt Spaß, auch mal etwas alpines Feeling zu erleben. Als wir eine kurze Trinkpause einlegen, können wir auf das Camp hinunterschauen und sind erstaunt. Die gesamte Fläche, wo heute Morgen noch ein Meer an bunten Zelten stand, liegt verlassen da. Wieder einmal befällt mich Hochachtung vor den Trägern. Denn mittlerweile überholen uns diese auf diesem schmalen felsigen anspruchsvollen Weg voll beladen mit Ausrüstung und Lebensmitteln. Wir bewältigen alle den Anstieg und stehen dann stolz oben.

Als ich das hier aufschreibe, stelle ich fest, dass ich die afrikanische Gelassenheit so gut verinnerlicht habe, dass ich unterwegs nie auf die Uhr geschaut habe. Deshalb kann ich nur schätzen, dass wir zwischen 1,5 und 2 Stunden für den Anstieg benötigt haben. Oben angekommen rasten wir ausgiebig. Es gibt sogar Gruppen, deren Veranstalter hier oben einen Tisch mit Verpflegung und Getränken aufgestellt hat. Da sind wir ein klein bisschen neidisch. Aber unser Inhalt des Lunchpakets schmeckt sehr gut. Vor dem Weiterwandern machen wir unsere Stöcke startklar. Und da passiert es. An einem meiner Stöcke verabschiedet sich die obere Klemme von ihrem Wanderstockleben. T.J. gibt Entwarnung. In seiner Tasche befinden sich Ersatzstöcke. Wenn wir das Karanga Camp erreicht haben, erhalte ich einen Ersatz. Doch den restlichen Weg muss ich heute einstöckig zurücklegen. Ich erinnere mich kurz an meine Tour von Gmund am Tegernsee nach Sterzing, wo sich am zweiten Wandertag die Sohle vom Bergschuh löste. Da ist das heute dagegen harmlos.

Weiter geht's! T.J. hat uns den weiteren Wegeverlauf erläutert. Zunächst geht es leicht geradeaus, dann abwärts. Er bereitet uns darauf vor, dass man beim Abstieg das Karanga Camp schon zeitig erblickt, man sich das Tagesziel aber mit einem heftigen Schlussanstieg erarbeiten muss. Unsere Gruppe bleibt heute zusammen. Auch Ilona fühlt sich gut, worüber ich mich sehr freue. Die Weiterwanderung gestaltet sich so, wie von T.J. beschrieben. Als wir das Camp hoch oben sehen und der letzte Anstieg sichtbar wird, wünscht sich Ilona eine Hängebrücke. Aber die gute Fee hat gerade frei und wir müssen noch mal unsere Kräfte mobilisieren, um das Karanga Camp zu erreichen. Wir meistern den Anstieg mit Bravour. Und es hat sich gelohnt. Wir befinden uns über den Wolken. Der Kilimanjaro scheint zum Greifen nah. Auch rückblickend muss ich sagen, landschaftlich ist dieses Camp am schönsten gelegen. Vor dem Abendessen erleben wir einen magischen Sonnenuntergang mit Blick zum Mont Meru. Doch es wird noch spektakulärer. Als wir nach dem Abendessen den Weg zurück zum Zeltzuhause einschlagen bietet sich ein Anblick, den man wohl nie vergessen wird. Über uns funkeln die Sterne am afrikanischen Nachthimmel. Unter uns leuchten die Lichter der Städte Moshi und Arusha. Sogar den Kilimanjaroairport kann man in der Ferne erkennen. Wahnsinn, wie nah und doch wie weit weg sich Zivilisation und Camp befinden.

in der Great Barranco Wall

Blick zum Mont Meru

Zwischenfazit

Abends liege ich in meinem Schlafsack und meine Gedanken wandern. Der größte Teil der Wanderung liegt hinter mir. Das fünfte Camp ist erreicht. Knapp 40 abwechslungsreiche Kilometer sind bereits bewältigt. Das Finale rückt näher. Morgen erreichen wir das Barafu Camp und um Mitternacht startet der Gipfelsturm. Ich bin aufgeregt, erwartungsvoll und sehr dankbar dafür, dass ich hier bin. Meine kleine Schwäche am Lavatower ist vergessen. Ich fühle mich körperlich und mental fit für das Finale. Ich habe keinen Muskelkater, meine Sauerstoffsättigung ist immer sehr gut und auch der Ruhepuls bietet keinen Anlass zu Sorge. Was mir Sorgen bereitet, ist nach wie vor die Kälte. Schon jetzt habe ich in der Nacht und beim Frühstück so viele Kleidungsschichten an, wie möglich ist. Meine Daunenjacke gehört auch dazu. Meine Mitstreiter haben noch eine extra-Daunenjacke für den Gipfeltag. Ich nicht. Das verunsichert mich. Aber an einem Outdoorladen kommen wir definitiv nicht mehr vorbei. Also muss ich mit dem auskommen, was ich eingepackt habe. Zugunsten warmer Sachen hätte ich auf Kurzarmshirts und kurze Hosen verzichten sollen. Jetzt heißt es für mich, gut essen und trinken und hoffentlich keinen Infekt oder Durchfall einfangen. Ich habe heute Innocent erzählt, dass es mein Lebenstraum ist, am Uhuru Peak zu stehen.

Erstaunlich, zu Hause kann ich oft nicht einschlafen, wenn ich vorher Probleme wälze. Hier schlafe ich sehr schnell ein. Mein Körper hat hier das Sagen. Er braucht den Schlaf zur Regeneration.

6. Wandertag, 21.9.2022 zum Barafu Camp 4600 m

Die Spannung steigt. Die Tour zum Barafu Camp ist mit 4 km und 650 Höhenmetern im Anstieg nicht übermäßig anspruchsvoll. Aber wir erreichen eine große Höhe! Außerdem hat T.J. festgelegt, dass wir am Nachmittag noch mal zur Höhenanpassung ca. 150m aufsteigen und dort 45 Minuten bleiben werden. Das Briefing für den Gipfelanstieg wird er dort durchführen.

Wir wandern langsam auf das Barafu Camp zu. Die Landschaft ist unwirtlich und es ist kühl. Im Camp nehmen wir erst das Mittagessen ein. Die Stimmung ist angespannt. Wir haben keine echte Motivation, heute Nachmittag noch höher zu gehen und in der Kälte zu sitzen. Bisher haben wir T.J.s Entscheidungen blind vertraut. Heute zweifeln wir. Fehlen uns am Ende „die Körner", die wir heute Nachmittag verbrauchen, oder, noch schlimmer, was ist, wenn wir uns noch eine Erkältung einfangen? Trotzdem finden wir uns um 14:30 Uhr zum Abmarsch ein. Helmut, Shahab und ich brechen mit T.J., Innocent und Jackson Richtung Anstiegsweg auf. Ilona hat sich gegen den Gipfelsturm entschieden. Sie fühlt sich kräftemäßig nicht in der Lage. Eine anerkennenswerte Leistung, dass sie sich bis ins Base Camp gekämpft hat. Wir bewältigen einen anspruchsvollen Weg über felsigen Untergrund, der teilweise flach abgeschliffen ist. T.J. nennt uns neben der Höhenanpassung den weiteren Grund für diesen Aufstieg. Heute Nacht müssen wir diesen Weg im Licht der Stirnlampe bewältigen. Dass wir ihn schon kennen, soll uns Sicherheit geben. Ich schäme mich innerlich ein wenig, dass ich T.J. nicht voll vertraut habe. Was er für uns plant, hat Hand in Fuß!

Schließlich erreichen wir eine Hochfläche unweit des noch über dem Barafu Camp liegenden Kosovo Camps. Jetzt wird es ernst. Das Briefing vor dem Finale. T.J., Innocent und Jackson haben uns täglich beobachtet und schätzen ein, dass Shahab und ich mit Jackson um 0:30 Uhr starten sollen. T.J. wird mit Innocent und Helmut bereits um Mitternacht aufbrechen. Des Weiteren führt T.J. aus, dass bereits das Erreichen von Stella Point am Kraterrand als Besteigung gilt und dass man nur zum Uhuru Peak weitergehen darf, wenn man den Stella Point bis 7:30 Uhr erreicht hat. Dann fällt noch ein Satz: Der Berg muss einen mögen, damit er seine Besteigung zulässt. Lautlos bitte ich: „Bitte, lieber Kili, mag mich!"

Während wir hier sitzen, passiert etwas, worauf wir gern verzichtet hätten. Zwei einheimische Bergführer schleppen eine junge Frau den Berg herab. Sie trägt eine Sauerstoffmaske und ist kaum noch in der Lage, selbstständig zu gehen. Motivierend ist das nicht und die Gefahr, die die Höhe in sich birgt, wird uns noch einmal vor Auge gehalten.

Höhenkrankheit – nachzulesen bei Wikipedia (Zitat)
Als Höhenkrankheit werden Gesundheitsprobleme bezeichnet, die durch einen Mangel an Sauerstoff in der Höhe ausgelöst werden. Eine akute Höhenkrankheit kann entstehen, wenn zu rasch in große Höhen gereist oder aufgestiegen wird und der höhenbedingte Sauerstoffmangel nicht ausreichend kompensiert wird.

Quelle: Internet DustyTS blog

Auch wenn der Kilimanjaro technisch als einfach zu besteigen beschrieben wird, macht diese Abbildung eindringlich deutlich, wie wichtig die Höhenanpassung ist. Von daher war unser Tourverlauf optimal geplant. Wir sind hochgegangen, um dann wieder abzusteigen, also um tiefer zu schlafen.

Während des Abstiegs hinunter ins Camp erhalte ich noch eine Extraunterweisung von T.J., wie man schnell und sicher absteigt, ohne die Stöcke einzusetzen. Leicht in die Knie gehen, die Ferse zuerst aufsetzen und los geht's. Funktioniert!

Zurück im Camp treffe ich die letzten Vorbereitungen und dann ist es auch schon Zeit zum Abendessen. Die Anspannung steigt, denn in wenigen Stunden starten wir Richtung Gipfel! Wir sind alle angespannt und brechen nach dem Essen auf, um noch etwas Schlaf zu bekommen. Es ist klirrend kalt und ein eisiger Wind pfeift durch das Barafu Camp. Ich krieche dick eingemummelt in meinen Schlafsack. Bis auf die warme Mütze und die dicken Handschuhe trage ich alles am Körper, was ich heute Nacht tragen werde, wenn es losgeht. Trotzdem wird mir nicht warm. Ich verfalle dann irgendwann in einen unruhigen Schlaf, aus dem ich erwache, weil es an meinem Zelt rüttelt. Es ist noch nicht Innocent zum Wecken, was mein erster Gedanke ist, sondern es heult ein unglaublicher Sturm, der so an meinen Zeltplanen rüttelt, dass ich Angst bekomme, das Zelt könnte wegfliegen. Angst beschleicht mich. Dürfen wir bei diesen Bedingungen aufsteigen? Werde ich Kälte und Sturm ertragen? T.J.s Worte haben sich in mein Gedächtnis gegraben. Mag uns der Kili am Ende nicht? Bei der Kilimanjaro-Tour kann man den Gipfeltag nicht verschieben, indem man beschließt, einen Tag länger im Camp zu verweilen. Die Tour ist durchgeplant. Der Nationalparkverwaltung liegen die Reisedaten vor, die eingehalten werden müssen. Nach dem Gipfel werden wir noch ins Milenium Camp absteigen und der Platz, wo unsere Zelte stehen, wird von den nächsten Gipfelaspiranten benötigt.

22.9.2022, 7.Wandertag = Gipfelsturm und Abstieg ins Milenium Camp

Um Mitternacht erfolgt das Wecken. Als ich aus dem Zelt klettere, bietet sich ein grotesker Anblick. Unsere Campingtoilette steht im Freien und leuchtet weiß unter dem Sternenhimmel. Der Sturm hat das Toilettenzelt weggeweht. Der Wind hat sich zu einem ausgewachsenen Sturm entwickelt. Die Kälte kriecht durch alle Bekleidungsschichten. Optimale Bedingungen sehen definitiv anders aus! Im Messezelt beendet gerade Helmut sein Frühstück. Für ihn naht der Aufbruch. Trotzdem nimmt er sich die Zeit, den Akku meiner Stirnlampe zu wechseln. Dafür bin ich sehr dankbar. T.J. wirkt heute angespannt, wie ich ihn bisher nicht erlebt habe. Shahab erscheint. Wir wünschen Helmut viel Glück, als er mit T.J. und Innocent aufbricht. Bei unserer Vorstellungsrunde in der Massai Lodge hat Helmut gesagt, dass er nur seine Frau begleitet und einfach sehen wird, was geht. Und nun nimmt er den Gipfel in Angriff! Respekt! Shahab und ich zwingen uns etwas Müsli runter, trinken Tee und reden nicht viel. Jeder ist in Gedanken schon unterwegs und fragt sich, was die Nacht bringen wird.

Als Jackson uns fragt, ob wir zum Aufbruch bereit sind, schultern wir den Rucksack, nehmen die Stöcke und reihen uns im Schein unserer Stirnlampe in die unendlich erscheinende Schlange ein, die dem Berg entgegenstrebt. Die zahlreichen Gruppen winden sich über den Weg zwischen Felsbrocken, kleinen Felstürmen und Geröllfeldern nach oben. Jetzt macht es Sinn, dass wir die ersten anspruchsvollen Höhenmeter gestern schon einmal gegangen sind. Immer wenn es möglich ist, versucht Jackson mit uns, größere Gruppen zu überholen. Das finde ich gut. Denn ich habe das Gefühl, wir kommen nicht wirklich voran. Außerdem ist es so kalt, dass mich auch die Bewegung nicht erwärmt. Der Sturm ist immer noch heftig und kriecht durch meine vielen Kleidungsschichten. Zu meinem Glück sorgen zwei Paar Socken für warme Füße und meine extra für die Tour gekauften Handschuhe erweisen sich als Volltreffer. Ich habe einen warmen Kopf, warme Füße und Hände – alle anderen Körperteile frieren erbärmlich und ich frage mich, ob ich je wieder warm werde. Jeder Felsvorsprung, der etwas Windschatten bietet, ist willkommen. Bis auf die Kälte geht es mir gut. Ich kann gut atmen und habe keinerlei Beschwerden. Ich will auf den Uhuru Peak, da können mich Sturm und Kälte nicht abhalten. Doch es gibt ein anderes Problem. Shahab scheint sich nicht so gut zu fühlen. Jeden von Jackson anvisierten Überholvorgang möchte er verhindern. Plötzlich sehen wir Helmut, T.J. und Innocent am Rande hinter einem Felsvorsprung rasten. Jackson und Innocent führen eine kurze Unterhaltung in der Landesspreche. Wir gehen weiter. Ich denke noch, dass es besser wäre, Shahab hätte sich der langsameren Gruppe angeschlossen. Immer öfter bittet er um Pausen und ich sehe Besorgnis in Jacksons Gesicht. Ich versuche, Shahab aufzumuntern, und zu motivieren, was leider nicht fruchtet. Plötzlich wird mir klar, dass mein Gipfelerfolg gefährdet ist. Shahab wird es nicht bis Uhuru Peak schaffen und wir sind nur mit einem Guide unterwegs. Da höre ich von Weitem einen Ruf und Jackson antwortet in seiner Sprache. Innocent! Jackson erklärt, dass Helmut beschlossen hat abzusteigen und Innocent zurückkommt, wenn Helmut sicher nach unten gekommen ist. Ich schöpfe Hoffnung.

Wir steigen langsam weiter bergan. Jacksons Blick wandert immer öfter suchend nach unten und auch ich hoffe, dass Innocent bald zu uns stößt. Ich bin einerseits in Sorge um Shahab und andererseits befürchte ich, dass wir es höchstens bis Stelle Point schaffen. Wenngleich das Erreichen des Kraterrandes als Gipfelerfolg gilt, muss ich zugeben, für mich wäre es eher der Trostpreis. Wenn ich hochblicke, kann ich bereits erkennen, dass es nicht mehr weit zum Kraterrand ist.

Dann überschlagen sich die Ereignisse. Ein wunderschöner Sonnenaufgang über dem Mawenzi beschert mir Gänsehaut. Und zu unserer großen Erleichterung taucht Innocent vor uns auf. Erst spricht er mit Jackson in der Landessprache. Dann wendet er sich in englischer Sprache an mich. Ich bin heute noch überwältigt, wenn ich daran denke. „Mama hat einen großen Traum und Jackson wird jetzt dafür sorgen, dass er wahr wird.“ Dann nimmt er mir meinen Rucksack ab und möchte, dass ihn Jackson für mich trägt. Meinen Protest lässt er nicht gelten. Nach der nächsten Kurve nehme ich den Rucksack zurück. Mir geht es super und ich möchte nicht, dass Jackson ihn für mich schleppt. Innocent bleibt bei Shahab und ich bin erleichtert. Wir streben nach oben. Nach ungefähr 20 Minuten haben wir Stella Point erreicht und zu meiner großen Erleichterung deutet Jackson nach links und zeigt die Richtung zum Uhuru Peak an. Ein Glücksgefühl macht sich breit. Denn ich fühle mich sehr gut und habe keinerlei Beschwerden. Mit dem Sonnenaufgang hat auch das Frieren ein Ende gefunden.

der Krater ist erreicht

Auf einem erstaunlich breiten Weg entlang des Kraterrandes haben wir schon bald das Ziel erreicht. Ich stehe mit Jackson am Gipfel des Uhuru Peak auf 5895 m Höhe, am höchsten Gipfel Afrikas. Ich habe einen der Seven Summits bezwungen. Ich könnte lachen und weinen vor Freude. Ich umarme Jackson und bedanke mich bei ihm für seine Begleitung. Ein junges Paar macht ein Gipfelfoto von Jackson und mir mit dem Schal meines Lieblingsvereins. Der Blick ist atemberaubend.

Weißer Gletscher, der unendlich erscheinende Krater und darüber ein strahlend blauer Himmel.

Der Krater

Rebmanngletscher

Gletscher mit Mont Meru im Hintergrund

Gipfelglück

Später werde ich gefragt, wie spät es war, als ich am Gipfel stand. Ich habe bis zur Rückkehr ins Camp nicht einmal auf die Uhr geschaut, schätze einfach und gebe 8 Uhr als Antwort. Später sehe ich bei der Speicherung der Fotos die Aufnahmeuhrzeit und ich lag mit meiner Schätzung genau richtig.

Obwohl Jackson schon mehr als 30-mal den Gipfel bestiegen hat, sieht er ebenfalls glücklich und zufrieden aus. Wir treten entspannt den Rückweg an. Entgegenkommende Wanderer grüßen uns und gratulieren mir. Auch Guides sprechen Jackson an und er deutet auf mich. Mir wird klar, dass sich das Gespräch auch um mich gedreht hat. Dann lachen sie freundlich und gratulieren mir ebenfalls. Mein Blick schweift über die Landschaft und ich möchte ewig bleiben und genießen. Doch schon bald ist Stella Point erreicht und der Abstieg beginnt.

Nach nur wenigen Metern treffen wir auf Innocent und Shahab, die Pause machen. Beide gratulieren mir zu meinem Gipfelerfolg. Shahab berichtet mir stolz, dass er es noch bis zum Stella Point geschafft hat. Das freut mich für ihn und ich bin erleichtert, dass es ihm gut geht. Innocent ist verwundert, dass ich meinen Rucksack selbst trage, und fordert ihn energisch ein. Er trägt ihn für mich ins Camp zurück. Wir verabschieden uns und mit einem Mal zählt für Jackson kein Pole, Pole mehr. Wie ein übermütiger Teenager „fährt er ab“. Genau die Technik, die ich gestern von T.J. gelernt habe. Ich mach es ihm nach und so schlittern wir in einem Affenzahn durch das lose Gestein bergab. Das macht Spaß! Erstaunlich, dass immer noch Wanderer mit ihren Guides aufsteigen. Alle gratulieren mir im Vorbeigehen. Bald sehen wir die Zelte vom Kosovo Camp in der Sonne leuchten und darunter das Barafu Camp liegen.

Ein Mitglied unseres Porter-Teams kommt uns entgegen und hat einen erfrischenden Saft für uns dabei. Ich bin überwältigt. Erstaunlich schnell (vielleicht hat mich in der Euphorie auch jedes Zeitgefühl verlassen?) erreichen wir unser Camp, wo mir T.J., Ilona und Helmut herzlich zu meinem Gipfelerfolg gratulieren. Ich falle T.J. mit den Worten „der

Kili mag mich" um den Hals. Dann erfrische ich mich, so gut es möglich ist, und wir kehren in unser Messezelt zurück. Ein heißer Kaffee und zur Feier des Tages spendiert T.J. Schokolade. So lässt man es sich gut gehen. Ich bin voller Endorphine und fühle keinerlei Erschöpfung. Euphorisch rufe ich meinen Mann an und berichte ihm, dass er ab sofort mit einer Kilimanjaro-Bezwingerin verheiratet ist. Er freut sich sehr und gratuliert mir durchs Telefon.

Erstaunt sehe ich beim Blick auf die Uhr, dass es gerade mal 10:30 Uhr ist. Interessiert sehen sich Ilona, Helmut und T.J. meine Gipfelfotos an. Helmut verrät mir, dass seine Uhr in der Nacht eine Temperatur von -15 Grad und eine Windgeschwindigkeit von über 40 Stundenkilometern angezeigt hat. Gemeinsam warten wir auf Innocent und Shahab, die erst nach 1 ½ Stunden eintreffen. Shahab ist erschöpft, aber total glücklich, dass er es bis Stella Point geschafft hat. Wir nehmen später unsere Mittagsmahlzeit ein, bevor der Abstieg ins Milenium Camp beginnt. Der Abstieg ist lang, aber voller Glückshormone für mich kein Problem. Ich bin mit Ilona, Helmut und Jackson aufgebrochen. Shahab muss noch zu Kräften kommen und steigt später mit T.J. und Innocent ab. Am Wegesrand stehen seltsame „Fahrzeuge". Eine Art große Dreiräder mit Liegeflächen, welche aus Holz bestehen. Sie dienen zum Transport kranker, verletzter oder erschöpfter Wanderer. Und schon bald erleben wir diese Gefährte in Aktion. In großem Tempo rennen die Porter mit den Patienten über die steinige staubige Piste bergab. Kein schöner Anblick!

Ich bin glücklich und dankbar, dass ich gesund vom Gipfel zurück bin und den Weg in unser letztes Übernachtungscamp beschwerdefrei absolvieren kann. Das Milenium Camp liegt bereits wieder in der Heide- und Moorlandzone. Ein letztes

Mal werden unsere Zelte aufgebaut. Zum Glücksgefühl mischt sich leise Wehmut. Beim letzten Abendessen fehlt Shahab, der sich bereits schlafen gelegt hat. So verpasst er den kulinarischen Höhepunkt des letzten Tages. Der Koch hat uns einen Kuchen gebacken, den er wunderschön verziert hat. Mir als Gipfelbezwingerin wird die Ehre zuteil, ihn anzuschneiden und zu verteilen. Als ich dann zum letzten Mal in mein Zelt krieche, lasse ich den langen, ereignisreichen und emotionalen Tag noch einmal Revue passieren, bevor ich zufrieden einschlafe.

Bezug zur Geschichte

1889 wurde der Kilimanjaro von Hans Meyer und Ludwig Purtscheller zum ersten Mal bestiegen. Sie gaben dem höchsten Punkt den Namen „Kaiser-Wilhelm-Spitze“. Beim Volk Tansanias war der Name verhasst, für sie war es ihr Kibo. Julius Nyerere, der erste Präsident Tansanias, gab 1964 am Unabhängigkeitstag dann dem Berg den Namen Uhuru Peak, was so viel bedeutet wie Freiheitsgipfel.

Freiheitsgipfel – auch für mich eine besondere Bedeutung. 1989 wurde durch die friedliche Revolution in der DDR, in der ich aufgewachsen bin, die Freiheit erkämpft. Ich erlebte nun die Freiheit, auf dem Freiheitsgipfel zu stehen.

23.9.2022, letzter Wandertag zum Mwekagate

Der Vorstellung von einem entspannten letzten Wandertag steht die zeitige Weckzeit eindeutig entgegen. So zeitig wie nie, den Gipfeltag ausgenommen, werden wir geweckt. Um 4 Uhr morgens gibt es letztmalig Kaffee und Wasserschüssel ans Zelt. Der Zeitplan ist straff. 12 km Abstieg zum Mwekagate, Fahrt ins Hotel, wo es Mittagessen gibt und am späten Nachmittag die Abschiedsfeier mit unserer Mannschaft. Am frühen Morgen ist es noch empfindlich kalt, als wir uns zum letzten Mal hinter Jackson einreihen. Doch schon bald wärmt uns die

Blick zurück

aufgehende afrikanische Sonne. Der Weg ist zu Beginn sehr steinig. Schon bald tauchen wir in den Regenwald ein und teilweise ist der Boden feucht und rutschig. Zum ersten Mal lande ich auf dem Boden. Macht nichts. Die Bekleidung ist sowieso schmutzig. Die Motivation unserer letzten Kilometer ist eindeutig die Aussicht auf eine warme Dusche!

Innocent zeigt in die Höhe. Monkeys. Weißschwanzaffen schwingen sich durch die Baumwipfel. Die Vegetation ist inzwischen üppig geworden. Verschiedene Blumenarten und riesige Farnbäume säumen den Wegesrand. Jackson macht an einer Stelle Rast, von der man ein letztes Mal den Kilimanjaro sehen kann. Gestern stand ich an seinem höchsten Punkt und nun ist er schon so weit entfernt. Wie so oft im Leben freut man sich auf einen Lebenshöhepunkt, fiebert ihm entgegen und dann hat man ihn erlebt und schaut nicht nur glücklich, sondern auch wehmütig zurück. „Tschüss, lieber Kili", rufe ich dem Berg in Gedanken zu.

am Mwekagate

Kurz vor Erreichen des Gates frage ich T.J. nach seiner Gemütslage. Er ist froh und erleichtert, dass wir alle wohlbehalten von der Tour zurückkehren. Er verrät mir, dass er am Gipfeltag in Sorge war wegen des Sturms. Es ist eine große Last an Verantwortung, die bei jeder Tour auf ihm ruht.

Nach vier Stunden Gehzeit endet unser Abenteuer. Am Mwekagate werden wir von der Zivilisation begrüßt. Ein modernes Verwaltungsgebäude, wo wir uns aus dem Nationalpark abmelden, Verkaufsstände und ein großer Parkplatz, auf dem Busse auf die Rückkehrer warten, um sie in ihre Hotels zu bringen. Ein Schuhputzer wirbt um Kunden. Ilona und ich begeben uns in den Waschraum, um uns zu erfrischen. Ich bin gespannt. Acht Tage ohne einen Blick in den Spiegel liegen hinter mir. Der erste Blick sagt mir, ganz schöne dunkle Ringe unter den Augen. Der zweite Blick sagt, nein, das sind keine Augenringe, sondern einfach Schmutz. Als der beseitigt ist, bin ich erstaunt. Ich sehe nicht erschöpft aus. Die Endorphine eben! Ein glücklich strahlendes Gesicht schaut mir entgegen. Wir werden von Mitarbeitern der örtlichen Reiseagentur ZARA begrüßt. Ein Tisch ist eingedeckt und mit alkoholfreiem Sekt stoßen wir darauf an, unser Bergabenteuer gesund beendet zu haben. Inzwischen sind auch unsere Träger mit dem Gepäck eingetroffen, welches auf den Bus geladen wird. Wir nehmen im Bus Platz und fahren durch Bananenplantagen der Stadt Moshi entgegen, wo das Hotel Springland unsere letzte Unterkunft sein wird.

Hotelgarten

Das Hotel erreichen wir nach einer halbstündigen Fahrt. Vor dem großen Tor steht ein bewaffneter Sicherheitsmann, der uns das Rolltor für die Einfahrt öffnet. Eine großzügige Hotellandschaft empfängt uns. Üppig blühende Pflanzen werden von kleinen blauen Vögeln umschwirrt. Springbrunnen, ein Pool. Zum Abschluss unserer Tour der pure Luxus. Als wir unsere Zimmerschlüssel erhalten, hält uns nichts mehr. Jeder begibt sich schnellstmöglich in sein Zimmer, um zu duschen. Herrlich! Der ganze Staub der letzten Tage rinnt als dunkelbraune Brühe an mir herunter. Dann inspiziere ich das Zimmer. Es ist groß mit einem herrlich bequemen Bett.

Nachdem ich mich umgezogen habe, treffen wir uns im Speisebereich, der sich inmitten des großzügig angelegten Gartens befindet. Die Zeiger der Uhr bewegen sich Richtung 14 Uhr. Essen gibt es in Büffet-Form und ich nehme mir eine große Portion Reis und Gemüse. Als Nachtisch noch viel frisches Obst. So gestärkt steht der nächste Höhepunkt an. Im Garten werden wir unsere „Mannschaft“ mit der Übergabe des Trinkgeldes verabschieden. Dazu setzen wir uns in eine ruhige Ecke und nehmen die Aufteilung vor. Ilona nimmt das in die Hand und sie macht das perfekt. Wir bündeln die Scheine für die Porter, den Waiter, den Koch, den Toilet Man, den Guide und Assistent Guide. Shahab, dessen English perfekt ist, wird auserkoren, eine kleine Dankesrede zu halten. Jeder von uns wird einem unserer Mannschaft das Trinkgeld übergeben. Obwohl alle ihren Lohn von der örtlichen Agentur erhalten, ist das Trinkgeld wichtiger Bestandteil ihres Einkommens.

Dann ist der Moment des Feierns und Abschiednehmens gekommen. Nicht nur wir sind frisch geduscht und schön gekleidet. Auch die jungen Männer haben sich schick gemacht und schon Platz genommen. Der Chef der örtlichen Agentur ist anwesend und übernimmt die Übersetzung. Nicht alle sprechen englisch. Ich finde es schön, dass sich jeder aus dem Team mit Namen vorstellt. Einige haben deutsch- oder englisch

klingende Namen, andere einen landesüblichen. Wie gerne hätte ich jeden Einzelnen während der Tour mit seinem Namen angesprochen! Ich bin von tiefer Dankbarkeit und Hochachtung erfüllt. Ohne diese freundlichen jungen Männer wäre unser Abenteuer nicht möglich gewesen. Jeder von ihnen hat acht Tage lang für uns das Beste gegeben. Wir übergeben unter Beifall die Umschläge mit den Trinkgeldern. Shahab hält seine Ansprache und im Anschluss erfolgt die Übergabe der Urkunden für die erfolgreiche Besteigung des Kilimanjaro. Ich bitte um Übersetzung meiner Worte und wende mich an Jackson. Ich danke ihm noch einmal für seine Begleitung und dass er durch dieses gemeinsame Erlebnis immer einen Platz in meinem Herzen haben wird. Wir drücken uns ein letztes Mal und verdrücken beide ein paar Tränchen.

Abschiedsfeier im Hotelgarten

Emotional wird es, als die Jungs das Kilimanjaro-Lied anstimmen. Darüber habe ich schon viel gelesen und auch auf Videoaufnahmen habe ich diese Tradition schon angeschaut. Doch wenn man es hautnah erlebt, werden die Erwartungen weit übertroffen. Jeder singt das Lied laut und inbrünstig mit. Dazu bieten sie eine mitreisende Tanzeinlage. Schließlich muss ich meine Videoaufzeichnung beenden, weil Ilona und ich mittanzen müssen. So sieht Lebensfreude aus. Einen schöneren Abschluss kann man sich nicht wünschen!

Für alle künftigen Kilimanjaro-Wanderer hier der Text des Liedes zum üben und späteren Mitsingen.

Jambo	**Hello**
Jambo, Jambo Bwana, Habari gani, Mzuri sana.	Hello, Hello Sir, How are you, Very fine.
Wageni, mwakaribishwa, Tanzania yetu Hakuna Matata.	Foreigners, you're welcome, In our Tanzania there is no problem.
Tanzania nchi nzuri, Hakuna Matata.	Tanzania is a beautiful country, There is no problem.
Nchi ya maajabu Hakuna Matata.	A wonderful country There is no problem.
Nchi yenye amani, Hakuna Matata.	A peaceful country, There is no problem.
Hakuna Matata, Hakuna Matata.	There is no problem, There is no problem.
Watu wote, Hakuna Matata, Wakaribishwa, Hakuna Matata.	Everybody, There is no problem, Are welcome, There is no problem.
Hakuna Matata, Hakuna Matata. *(mpaka mwisho)*	There is no problem, There is no problem. *(till end)*

Alles Schöne findet sein Ende. So auch dieser emotionale Nachmittag. Ich ziehe mich an den Pool zurück, um zu schwimmen und dann in Gedanken das Erlebte zu verarbeiten. Dabei versuche ich, eine Einschätzung der Begleiter zu erstellen.

Chef Guide, Innocent

Innocent ist trotz seiner Jugend schon über die Stationen Träger, Waiter zum Chef Guide aufgestiegen. Er spricht perfekt englisch. Innocent hat alle Fäden souverän in der Hand gehalten. Er strahlte Zuverlässigkeit und Seriosität aus. Als Vorgesetzter von Jackson, der über mehr Erfahrung verfügt, hat er Jackson immer in seine Entscheidungen einbezogen und ihn mit Respekt behandelt. Zu seinen Aufgaben gehörte auch die gesamte bürokratische Arbeit. An- und Abmelden in den Camps, die Stellplätze sichern. In Erinnerung bleibt mir seine wohlklingende ruhige Stimme, die mich an Hans Kammerlander erinnerte.

Assistent Guide, Jackson

Jackson ist mit über 30 Gipfelbesteigungen ein sehr erfahrener Guide. Das konnte man auch unterwegs beobachten. Wenn ihn andere Guides grüßten, geschah das ehrfürchtig und respektvoll. Da er nur wenig lesen und schreiben kann und die englische Sprache nicht perfekt spricht, kann er nicht Chef-Guide sein. Jackson hat uns perfekt geführt. Er ist ruhig, ausgeglichen, zuverlässig.

Koch

Was er für uns täglich in seinem kleinen Kochzelt gezaubert hat, verdient höchsten Respekt. Salat und Dessert fehlten nie und zu allen Gerichten gab es Gemüse. Nach jeder Mahlzeit kam er zu uns, um zu fragen, ob wir zufrieden waren. Heute haben wir ihn als den besten Tänzer erlebt.

Waiter, Thomas
Thomas hat uns im Messezelt die Mahlzeiten serviert. Er sorgte für den gedeckten Tisch, für sauberes Geschirr, ausreichend Wasser und Kaffee, dabei war er immer höflich und freundlich.

Die Porter
Sie sorgten für den gesamten Transport der Ausrüstung, unseres Gepäcks, der Lebensmittel. Wenn man gesehen hat, wie artistisch sie diese Gepäckstücke zum Teil auf dem Kopf, zum Teil auf den Schultern transportierten, dazu immer freundlich und höflich. Im Gegensatz zu uns Wanderern waren sie immer unter Zeitdruck, damit die Zelte stehen, wenn wir im Camp eintrafen. Ihnen gilt besonderer Respekt.

Toilettenmann
Er war verantwortlich für unsere Campingtoilette. Wenn wir im Camp eintrafen, stand das Toilettenzelt bereits da. Wie er die Entsorgung vorgenommen hat, entzieht sich meiner Kenntnis. Wie ich von T.J. erfahren habe, ist diese Funktion meist das Sprungbrett, um in der Hierarchie der Mannschaft aufzusteigen.

Einzelpersonen, die perfekt zusammengearbeitet haben. Viele kleine Rädchen in einem großen Uhrwerk.

In Gedanken danke ich ihnen noch mal. Ich wünsche ihnen, dass sie immer gesund von ihren Touren zurückkehren mögen.

Bei einem schönen gemeinsamen Abendessen klingt der letzte gemeinsame Tag aus. Morgen trennen sich unsere Wege. Für mich steht 14 Uhr der TransFair zum Flughafen an. Ilona, Helmut und Shahab fliegen einen Tag später als ich. Wir tauschen Handynummern und Mailadressen aus, um später unsere Fotos teilen zu können. T.J. bestellt noch für jeden ein Wunschgetränk, welches Norbert, der Chef unseres Reiseveranstalters, spendiert. Voller Erlebnisse und Emotionen verabschieden wir uns. Ich genieße den Luxus, in einem Bett zu schlafen, und erwache am nächsten Morgen voller Vorfreude auf meinen Mann und unser Zuhause.

24.9.2022 Rückreise

Obwohl nicht verabredet, treffen wir zum Frühstück noch mal aufeinander. Danach verabschieden wir uns endgültig. Die restliche Zeit verbringe ich relaxt im weitläufigen Hotelgarten. Ich fülle mein Ausreiseformular aus und treffe mich noch mal mit T.J., der schon die Vorbereitung für die nächste Tour begonnen hat. Dann noch eine große Überraschung: Innocent und Jackson erscheinen im Hotelgarten. Welch eine Freude. Sie sind mit der Reinigung der Ausrüstung beschäftigt und werden dann wieder mit T.J. Richtung Kili starten. Ich verabschiede mich ein letztes Mal herzlich von diesen großartigen Menschen und teile die restlichen Tansania-Shillinge, die ich finde, zwischen ihnen auf. Die Freude ist ihnen anzusehen.

Als das Fahrzeug, welches mich zum Flughafen bringen wird, pünktlich vorfährt, ist es an der Zeit, auch von T.J. Abschied zu nehmen.

T.J., unser deutschsprachiger Reiseleiter, fungierte laut Beschreibung des Reiseveranstalters als Bindeglied zwischen uns Wanderern und den einheimischen Guides und Mannschaftsteilen. Das hat er sehr gut umgesetzt. Aber er war mehr. Er hatte immer ein offenes Ohr für unsere Anliegen. Er war Motivator, Seelentröster und Helfer im Notfall. Sein ruhiges und ausgeglichenes Wesen hat uns sehr gutgetan. Meiner Meinung nach hätten wir keinen besseren Reiseleiter haben können.

Ich steige als einzige Reisende in das Auto ein und hoffe, dass das schon betagte Gefährt mich sicher zum Kilimanjaroairport bringen wird. Als der Fahrer gleich nach dem Hotel auf eine unbefestigte Straße einbiegt, überkommen mich Zweifel und ich frage ihn, ob das der Weg zum Flughafen sei. Er antwortet, dass er noch Reisende von einem anderen Hotel abholen muss. Mir ist die Situation unheimlich. Schließlich hält er tatsächlich vor einem Hotel. Aber keine Reisenden steigen zu. Nach Funkkontakt mit seiner Zentrale schlägt er zu meiner Erleichterung den direkten Weg zum Flughafen ein, wie ich den Straßenschildern entnehmen kann. Ich bin erleichtert, als wir am Airport ankommen. Mit einem Trinkgeld verabschiede ich mich vom Fahrer und reihe mich ein in die Schlange zur Abfertigung. Es geht zügig voran. Kaum zu glauben, vor neun Tagen bin ich hier voller Erwartungen, Ängste und Zweifel gelandet und nun stehe ich hier mit vielen Erinnerungen und einem großen Glücksgefühl im Gepäck. Hinzu kommt die Vorfreude, meinen Mann wiederzusehen, der morgen Geburtstag hat.

Strahlt meine Freude aus? Bei meiner Ankunft erwarteten mich hinter den einzelnen Abfertigungsstationen streng dreinblickende uniformierte Männer. Jetzt stehen freundliche gut gelaunte Frauen hier zur Pass- und Flugticketkontrolle. Sie fragen: „Andrea, how are you? Where do you come from?" Ich antworte, dass es mir sehr gut geht und dass ich am Uhuru Peak war, worauf sie mir begeistert gratulieren.

Im Flughafen spaziere ich durch die kleinen Souvenirshops und erwerbe von meinen letzten US-Dollar ein Kilimanjaro-Shirt. Dann warte ich in der Abflughalle aufs Boarding. Beim Weg über das Flugfeld zum Flugzeug wandle ich zum letzten Mal auf afrikanischem Boden. Ein Gefühl der Wehmut überlagert kurz die Vorfreude auf zu Hause. In diesem Land habe ich in den letzten Tagen so viel erlebt!

Abschied

Im Flugzeug Platz genommen stelle ich zu meiner Freude fest, dass ich eine ganze Reihe für mich allein habe, und ich sitze genau auf der Seite, wo wir den Kilimanjaro überqueren werden. Dann hebt der Airbus der Äthiopienairline ab und ich konzentriere mich auf den Blick aus dem Fenster. Ich sauge die afrikanische Landschaft in mir auf. Und dann ist es so weit. Wie beim Hinflug präsentiert sich der Kili, indem er aus den Wolken herausschaut und sich mit blauem Himmel darüber schmückt. So schließt sich der Kreis. Mein Abenteuer Kilimanjaro ist zu Ende.

Mountain Climbing Certificate

This is to certify that

ANDREA HEROLD (Age 64)

has successfully climbed

Mount Kilimanjaro
TANZANIA
(The Highest Mountain in Africa)

to

Uhuru peak 5895m amsl

on

22-September-2022 08:00 AM

CONSERVATION COMMISSIONER
TANZANIA NATIONAL PARKS